I0115422

L 57 b

DÉPÔT LÉGA
Bouches du Rho
18

LIGUE MARSEILLAISE

DE PROTESTATION

CONTRE

L'AUGMENTATION DES DROITS SUR LES BLÉS

RAPPORT

SUR LES TRAVAUX FAITS PAR LA LIGUE

MARSEILLE

TYPOGRAPHIE ET LITHOGRAPHIE BARLATIER-FEISSAT

RUE VENTURE, 19

—

1885

LIGUE MARSEILLAISE

DE PROTESTATION

CONTRE

L'AUGMENTATION DES DROITS SUR LES BLÉS

RAPPORT

SUR LES TRAVAUX FAITS PAR LA LIGUE

MESSIEURS,

Lorsque les protectionnistes, sous prétexte de défendre les intérêts agricoles, rencontrant auprès du Gouvernement un appui inespéré, nous menacèrent de faire triompher leurs théories, nous nous sommes émus, et, suivant l'exemple qui nous était fourni par d'autres grandes cités, nous créâmes la Ligue Marseillaise de protestation, dans le but de sauvegarder les principes économiques qui, depuis 1860, paraissaient avoir été résolument acceptés par le pays, comme la règle immuable de nos rapports internationaux.

Vous nous avez fait l'honneur de nous appeler à diriger vos travaux ; votre Commission vient aujourd'hui, qu'une solution, sinon désastreuse, mais tout au moins malheureuse, a été acceptée par nos Assemblées, vous rendre compte de sa mission, et vous dire ses efforts pour empêcher la victoire de nos adversaires.

Nous constatons avec la plus vive satisfaction que les encouragements ne nous ont pas manqué. Les Membres de la Ligue ne nous ont pas marchandé leur appui et notre Trésorier vous dira le succès de notre liste de souscription. Que tous ceux qui ont contribué à notre œuvre reçoivent ici nos remerciements.

Notre premier soin a été de faire imprimer et répandre la pétition dont les termes avaient été acceptés par l'Assemblée Générale du 11 novembre 1884. De nombreux exemplaires ont été adressés à tous les Présidents de Syndicats, de Cercles et à toutes les Associations connues à Marseille et dans la banlieue. Cette pétition nous est revenue plus tard couverte d'environ 10.000 signatures, et a été envoyée à la questure de la Chambre des Députés.

Nous nous sommes empressés aussi de nous mettre en relation avec la Ligue Nationale de Paris, qui compte dans son sein tout ce que Paris possède d'économistes éminents, et dont la création est due à M. Léon Say, sénateur. Notre communication fut gracieusement accueillie par l'honorable sénateur, qui nous offrit le concours de plusieurs Députés, membres de la Ligue Nationale, pour soutenir nos revendications à la Chambre des Députés lorsque la discussion sur la surtaxe des céréales s'y engagerait.

En même temps, nous annonçâmes notre création à tous les Députés des Bouches-du-Rhône, en réclamant avec instance l'appui de leur influence et leur dévouement à notre cause qui est celle de notre population tout entière, menacée dans la source même de son existence et de son travail.

Une lettre plus particulièrement pressante fut écrite à M. Rouvier, député de Marseille, alors ministre du Commerce. Sa qualité de représentant de notre Ville, ses antécédents et ses opinions libre-échangistes bien connues, le désignaient comme le défenseur naturel de nos intérêts. Aussi nous n'hésitâmes pas à lui demander de nous aider à sauver d'un désastre certain, la prospérité de notre commerce, de nos industries et le travail de nos ouvriers, persuadés que sa haute situation dans les conseils du Gouvernement lui donnerait l'occasion d'accentuer les doctrines qu'il avait si souvent professées.

Une propagande active fut demandée aux journaux et nous devons constater que la Presse Marseillaise nous seconda avec empressement. Les rédacteurs du *Sémaphore*, du *Petit Marseillais*, du *Petit Provençal* et de la *Provence Républicaine* ont honoré de leur présence plusieurs réunions de votre Commission.

Notre constante préoccupation était de réaliser le vœu exprimé par l'Assemblée Générale de fondation de la Ligue qui répondait à l'opinion unanime de ses membres : la réunion d'une grande assemblée. Elle devait être une manifestation éclatante contre les droits projetés ! Mais pour réaliser un tel projet, il nous paraissait, que dans les questions économiques qui, elles, n'ont pas le don de passionner les foules, alors même que leurs intérêts vitaux sont en jeu, il nous paraissait, disons-nous, qu'on ne réussirait à donner à cette réunion l'ampleur nécessaire, qu'en appelant à la présider un homme d'une grande notoriété.

Sur ces entrefaites, une invitation d'assister à un grand meeting, organisé à Paris par la Ligue Nationale, nous était adressée. Notre honorable président, M. Ch. Gros, voulut bien accepter de s'y rendre pour nous représenter et aussi pour pressentir à Paris l'avis des personnages qui devaient donner à notre conférence l'éclat que nous désirions.

Les démarches de notre Président rencontrèrent, à Paris, les plus vives sympathies, mais des empêchements matériels ne permirent pas à celui que nous espérions appeler à la Présidence de notre conférence, de se rendre à Marseille en ce moment. C'est alors que, ne pouvant réaliser nos désirs, nous dûmes renoncer au projet d'une grande réunion.

La discussion sur les projets de surtaxe commençait à la Chambre des Députés. Nous avions décidé qu'il était utile qu'une défense spéciale aux intérêts marseillais fût présenté par un Député des

Bouches-du-Rhône. A cet effet, nous préparâmes tous les documents nécessaires à cette défense. Aussitôt que le résumé du rapport de M. Graux, rapporteur de la Commission de la surtaxe sur les céréales, nous fut connu, nous nous appliquâmes à réfuter ses arguments (autant que sa publication nous l'a permis), dans un article publié par les Journaux de Marseille.

La Chambre Syndicale des Minotiers et des Fabricants de semoules nous a fourni plusieurs documents de haute importance sur la semoulerie, les pâtes alimentaires, les amidons, les issues, etc. M. Maglione avait pris l'initiative de la réunion du Conseil Général pour obtenir de lui un vœu contre le projet de loi qui nous occupe. L'honorable conseiller général y prononça un discours où nos doctrines étaient développées avec un talent incontestable et une connaissance approfondie de la question. Il fut décidé que ce discours serait imprimé aux frais de la Ligue, envoyé aux Députés et Sénateurs et joint à notre dossier.

Monsieur Granet, député des B.-du-.R., avait accepté la mission de plaider pour nous à la Chambre des députés et c'est à lui que ces pièces furent envoyées ; mais M. Peytral fut le seul de nos députés qui monta à la tribune pour défendre nos intérêts. Nous sommes heureux de reconnaître qu'il le fit avec un zèle, un dévouement et une énergie auxquels nous ne saurions trop rendre hommage.

Nous avions fondé de grandes espérances sur la présence de l'un de nos députés, M. Rouvier, dans les conseils du Gouvernement. Ses opinions libre-échangistes nous avaient paru une garantie de succès. Nous devons à la vérité de déclarer que, pour des motifs légitimes assurément, notre attente a été déçue.

Il doit pourtant nous être permis de regretter qu'un département dont l'importance industrielle et commerciale est immense, dont le transit maritime est celui du premier des ports français, dont l'existence dépend tout entière de son mouvement d'affaires, n'ait trouvé, pour soutenir ses droits, qu'un seul défenseur parmi ses représentants.

La Chambre des Députés a voté les droits ! nous n'avions d'autre recours que le veto du Sénat qui avait à ratifier ce vote. Notre confiance était bien faible, cependant nous ne devions pas abandonner la lutte et nous avons continué à la soutenir.

M. Velten, qui venait d'être nommé sénateur des Bouches-du-Rhône, nous fit l'honneur de nous demander d'assister à une séance de la Ligue ; nous vous convoquâmes le 17 février dernier en assemblée générale, M. Velten, dans une allocution chaleureuse, nous exposa ses principes, conformes aux nôtres, et nous promit de prendre la parole à la tribune du Sénat, pour s'opposer à l'adoption de la loi votée par la Chambre. Il nous demanda un travail sur la partie technique de son argumentation et vous avez nommé alors une sous-commission pour le préparer. Elle fut composée de MM. Bianchéri, Vaulbert, Magnaschi, Lapierre et Cavalier.

Dans cette séance, différentes questions furent traitées par la discussion, afin d'éclairer M. le Sénateur sur les points divers que nous avions à toucher. Il nous avait paru qu'on avait donné à la Chambre une trop grande importance à la question des blés durs, au risque de compromettre les autres parties de notre protestation, et, à l'unanimité, nous avons voté un ordre du jour pour affirmer nôtre formelle opposition à une surtaxe sur tous les grains.

Avant la discussion au Sénat, votre Commission s'est réunie pour entendre le rapport préparé par la Sous-Commission que vous aviez nommée. Un travail remarquable a été présenté par le rapporteur de la Sous-Comission, M. Magnaschi, qui, par une argumentation serrée, logique et franche, s'attaquait à tous les arguments produits à la tribune de la Chambre des Députés dans les discours du ministre de l'agriculture, M. Méline, et de M. Graux, rapporteur de la loi, et à ceux des apôtres de la protection. Ce mémoire était destiné, nous l'avons dit, à M. le sénateur Velten, mais le rang que celui-ci occupait dans la discussion ne lui a, sans doute, pas permis de s'en servir entièrement. Cependant l'importance de ce travail, la vérité et la solidité de sa réfutation nous resteront pour le cas où il faudrait revenir sur les mêmes questions.

Le Sénat a ratifié le vote de la Chambre et la nouvelle loi est maintenant acquise au pays et déjà appliquée. Notre tâche était donc accomplie, cependant une lettre fut communiquée à notre Président,

2

dans laquelle on nous faisait espérer une prochaine conférence donnée à Marseille par M. Raoul Duval, que son remarquable discours à la Chambre des députés a placé au premier rang parmi les grands économistes de nos jours. Malgré les scrupules de quelques membres, la majorité de la Commission a pensé qu'elle devait prêter son concours à cette conférence et entourer officiellement le conférencier. En effet, la propagande protectionniste, faite par M Pouyer-Quertier dans les départements du Nord et de l'Ouest, nous indiquait que nous aurions peut-être un jour à recommencer l'organisation que nous venons résigner dans vos mains.

M. Raoul Duval a été retenu par les graves complications politiques qui ont surgi depuis, et la conférence n'a pas eu lieu.

Nous le regrettons, car il ne faut pas oublier, Messieurs, que cette première victoire des protectionnistes les enhardira et que nous verrons se produire sous un nouveau prétexte leurs prétentions surannées ; c'est là le côté le plus fâcheux de leur succès.

Nous ne nions, certes pas, le malaise qui atteint toutes les branches de l'activité humaine, l'agriculture comme le commerce, l'industriel comme le travailleur, dont la solidarité d'ailleurs s'affirme plus que jamais ; mais nous en comprenons autrement les raisons et nous en cherchons les remèdes d'une manière bien différente.

Ce malaise qui frappe toutes les nations, autant celles du vieux continent que celles du Nouveau Monde, a un caractère tellement général qu'il ne faut pas se méprendre sur ces causes. Il ne faut pas oublier que notre siècle a vu l'éclosion de toutes les découvertes que la science nous a préparées dans les siècles précédents ; que ces admirables conceptions sont nées toutes à la fois et que, développée part l'art mécanique, la production du sol comme celle des usines s'est augmentée considérablement. Le commerce et la marine, qui, eux aussi, ont profité des moyens puissants que la science a mis à leur disposition, ont aidé à répandre cet excès de production, et la matière a abondé. Il suffit de regarder autour de nous pour se convaincre de la vérité de ces faits, car Marseille a centuplé sa force productive en peu d'années.

Il en est résulté que l'équilibre ancien est rompu et que ce qui est dénoncé crise, n'est autre qu'une *révolution économique*.

Pour rétablir cet équilibre, faut-il selon la théorie des protectionnistes, barrer la route à ce nouvel état de choses ? Dirons-nous à l'esprit humain : limite ton essor ! à la science : cache tes découvertes ! au progrès : arrête-toi !... Nous le voudrions que nos efforts seraient vains. Ce n'est donc pas par des demi-mesures qu'on s'oppose à un envahissement aussi formidable.

Si le progrès, par son impétueuse expansion, détruit pour féconder ensuite, s'il renverse momentanément l'ordre établi, il faut réparer le mal apparent en suivant la pente qu'il nous trace, et non en réagissant contre lui.

Il est impossible que la France, qui adopte si facilement toutes les idées généreuses, s'attarde plus longtemps avec nos adversaires, et, s'ils nous ont vaincus cette fois, nous avons la conviction d'avoir soutenu une cause grande et juste et d'avoir lutté pour conserver à notre pays son rang et sa suprématie inconstestés. C'est pourquoi nous n'hésitons pas à revendiquer cette divise tristement célèbre :

Gloria victis.

SITUATION FINANCIÈRE

Messieurs ,

Pour faire face aux dépenses occasionnées par la Ligue, il a été recueilli par les soins de la Commission 42 souscriptions, dont le montant total s'est élevé à fr. 8,550 sur lesquels, il a été encaissé seulement la moitié, soit .... F. 4,275 »

Les divers frais payés à ce jour s'élèvent à .... F. 1,601 50

Les frais à payer à environ .... 420 »

TOTAL.... F. 2,021 50   2,021 50

Il reste donc disponible .... F. 2,253 50

Le montant total des frais fr. 2,021 50 se répartit comme suit :

Frais pour Impression et Lithographie .... F. 1,031 50
»   de voyage à Paris.................... 450 »
»   d'Employé et divers.................... 540 »

TOTAL ÉGAL.... F. 2,021 50

Quant au solde disponible s'élevant à fr. 2,253 50 il sera remboursé à MM. les Souscripteurs, au prorata de leur souscription.

Ce remboursement sera effectué sitôt que les derniers restant à payer seront liquidés, ce qui ne tardera pas. Le chiffre de fr. 2,253 50, bien que très approximatif, pourra être légèrement modifié, en plus, comme en moins, vu le manque de certitude absolue en ce qui concerne les derniers frais. On peut néanmoins affirmer qu'il ne sera modifié que très insensiblement.

Si vous voulez bien, Messieurs, donner votre approbation à ce court exposé, il ne nous restera qu'à vous remercier de la confiance que vous nous avez témoignée, surtout en ce qui concerne votre concours pécuniaire.

LA COMMISSION :

MM. Charles GROS, *Président.*
F. LOMBARD,
N. COUPPA, } *Vice-Présidents.*
Ch. PINATEL, *Trésorier.*
C. CHANAL,
C. LAPIERRE, } *Secrétaires.*
M. ROMARIN, *Commissaire.*
J. FRISCH, »
J.-M. PHILIP, »
C. BARTHÉLÉMY, . »
REYNARD, »
M. CAVALIER, »

25 Avril 1885.

NOMS

MM. LES SOUSCRIPTEURS

———⟞⟐⟝———

MM. Chambre Syndicale des Minotiers et des Fabricants
de Semoules. . . . . .F   500
Ralli, Schilizzi, Argenti   500
Zafiropulo et Zarifi.   500
A. A. Vagliano.   500
Scaramanga Manousi et Cⁱᵉ.   250
G. N. Ambanapulo.   250
Waller Frères et Cⁱᵉ.   250
Scaramanga et Cⁱᵉ.   250
Sechiari Frères.   250
N. Couppa.   250
Ant. Couppa.   250
Micrulachi Frères.   250
P. et Th. Rodocanachi.   250
Dall'Orso Frères.   100
Schloesing Frères   100
Féraud d'Honnorat.   100
Minoteries Saint–Victor.   100
E. Savine et Cⁱᵉ.   100
F. et P. Gautier.   250
Joseph Maurel.   250
J. Moricelly.   250
Autissier Fils.   250
Société des Minoteries de Marseille.   250
Clot Jeune et Cⁱᵉ.   250
Limozin et Lapoussardière.   100
Ph. Novella.   250

A reporter. . . . .F.   6.600

Report. . .F. 6.600

MM. C. Triossi. 200

Meyffren. 100

J. E. Long. 100

Th. Barataud. 100

Cauvet et Jélus. 150

Ch. Pinatel. 150

F. Lombard. 150

Ch. Gros. 100

F. Arghalier. 200

S. Gautier Jeune. 100

M. Bianchéri. 100

V. et E. Coty. 100

A. Finaud et Cie. 100

C. Lapierre. 100

Viton Frères. 100

M. Cavalier. 100

TOTAL. . . . .F. 8.550

NOMS

<small>DE</small>

MM. LES SOUSCRIPTEURS

———✦———

MM. Chambre Syndicale des Minotiers et des Fabricants
   de Semoules. . . . . .F   500
Ralli, Schilizzi, Argenti   500
Zafiropulo et Zarifi.   500
A. A. Vagliano.   500
Scaramanga Manousi et Cⁱᵉ.   250
G. N. Ambanapulo.   250
Waller Frères et Cⁱᵉ.   250
Scaramanga et Cⁱᵉ.   250
Sechiari Frères.   250
N. Couppa.   250
Ant. Couppa.   250
Micrulachi Frères.   250
P. et Th. Rodocanachi.   250
Dall'Orso Frères.   100
Schloesing Frères   100
Féraud d'Honnorat.   100
Minoteries Saint-Victor.   100
E. Savine et Cⁱᵉ.   100
F. et P. Gautier.   250
Joseph Maurel.   250
J. Moricelly.   250
Autissier Fils.   250
Société des Minoteries de Marseille.   250
Clot Jeune et Cⁱᵉ.   250
Limozin et Lapoussardière.   100
Ph. Novella.   250

A reporter. . . . .F.   6.600

Report. . .F. 6.600

MM. C. Triossi. 200
Meyffren. 100
J. E. Long. 100
Th. Barataud. 100
Cauvet et Jélus. 150
Ch. Pinatel. 150
F. Lombard. 150
Ch. Gros. 100
F. Arghalier. 200
S. Gautier Jeune. 100
M. Bianchéri. 100
V. et E. Coty. 100
A. Finaud et Cie. 100
C. Lapierre. 100
Viton Frères. 100
M. Cavalier. 100

Total . . . .F. 8.550

www.ingramcontent.com/pod-product-compliance
Lightning Source LLC
Chambersburg PA
CBHW060736280326
41933CB00013B/2659